Oje! Es ist King Kofi, der  !

»Potfz  , wen haben wir denn da?«, lispelt er und

lässt seine  aufblitzen. Dann packt er Pinsel.

»Bitte nicht!«, quiekt das  .

Aber der  reißt sein  auf und beißt zu.

»AUTfSCH!«, brüllt der . Denn gerade als King Kofi zubiss, hat ihm Tafiti fix die  zwischen die  geschoben.

»Au!«, jault King Kofi. »Beim furfzendem  ! Autfsch!« Den verdutzten Pinsel lässt er ins  plumpsen. »Los, weg hier!«, ruft Tafiti.

Die beiden  rasen über 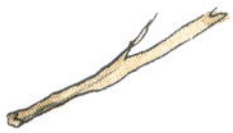 und  davon.

Nur schnell weg! »Geschafft«, keucht Pinsel, als sie

zu  ankommen. Er ist ganz blass um den .

»Der  hätte mich fast gefressen!«

»Aber nur fast«, japst Tafiti. »Wir haben noch

mal  gehabt!« – »Du hast mich gerettet!«

Pinsel grinst. »Mit der  !«

»Omamas  !«, ruft Tafiti.

»Die haben wir ganz vergessen!«

»Die holen wir später«, meint Pinsel.

Als die  tiefer steht, machen sich Tafiti
und Pinsel wieder auf den  zum  .
Schließlich haben sie die  immer
noch nicht gegossen.

Und die  ,  und  sind auch durstig.

»Was ist mit dem  ?«, fragt Pinsel. Seine  zittern. »King Kofi ist bestimmt längst zu  «, meint Tafiti. Doch beim  liegt nicht nur die , sondern auch der .

Tafiti und Pinsel ducken sich schnell hinter einen

 . Sie haben  : Der  hat sie

gar nicht bemerkt.

»Los, nach  !«, quiekt Pinsel.
Tafiti hält ihn am  fest. »Schau mal!«,
flüstert das . Mit klopfendem  lugt
Pinsel hinter dem  hervor. Was ist denn
mit King Kofi los?

Der  wälzt sich jammernd im  .

»Au, au, au«, jault King Kofi.

»Ich glaub, wir müssen ihm helfen«, flüstert Tafiti.

»Um nichts in der  !«, grunzt Pinsel.

Aber da ist Tafiti schon hinter dem  hervorgekommen. »Geht's dir nicht gut?«, fragt er den . »Mein  tut fso weh!«, wimmert King Kofi. »Sag mal A«, fordert Tafiti den  auf. »Grrr! A!«, brüllt King Kofi.

Schnell schiebt ihm Tafiti einen dicken 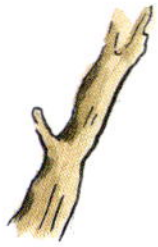 ins  .

Sodass King Kofi sein  nicht mehr zuklappen

kann. Das  nimmt die  unter die  .

»Ist es etwa dieser  ?« – »AU!«, brüllt King Kofi.

»Ist nicht schlimm. Der  wackelt nur ein bisschen!«, sagt Tafiti. »Das kommt davon, wenn man in  beißt«, sagt Pinsel.

»Grrr«, grummelt der .

»Nur eins ist wichtig«, sagt Tafiti. »Solange

dein  wackelt, darfst du nichts fressen.«

»WAfS?«, brüllt King Kofi. Tafiti hebt die 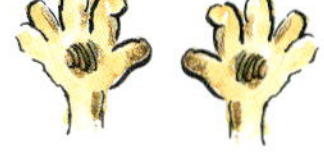 .

»Sonst bricht dir dein  womöglich noch ab!«

Das  nickt mit dem . »Am besten,

du lässt den  im !« – »NEIN!«

Der  schüttelt die . »Na gut«, sagt Tafiti.

»Dann mache ich dir

einen schönen

.«

Das  läuft flugs nach  .

Kaum ist Tafiti zurück, nimmt er den  heraus.

Dann wickelt er dem  einen 

ums  . Nur vorne lässt er etwas frei.

»Damit du 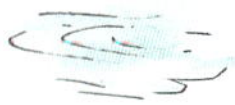 trinken kannst!«

»Nur  ? Ich werd' verhungern«, greint der  . »Omama kocht dir aus  eine leckere  «, sagt Tafiti. »Die kannst du mit dem  trinken!«

King Kofi rollt mit den  . Labbrige  ? Er hätte viel lieber einen saftigen  . Aber was soll er machen? Auf den  muss er warten. Dafür kriegt Omama schöne  ,  und  .

Denn Tafiti und Pinsel können am  nun gefahrlos  holen. Zumindest bis King Kofis  wieder richtig angewachsen ist.

## Die Wörter zu den Bildern:

 Sonne

 Afrika

 Erdmännchen

 Pinselohrschwein

 Tomaten

 Pflanzen

 Blätter

 Wasser

 Gießkanne

 Bach

 Gras

 Löwe

 Blitz

 Zähne

 Maul

 Nashorn

 Freunde

 Stock

 Stein

 Haus(e)

 Rüssel

 Schwein

 Weg

 Gurken

 Blumen

 Zwiebeln

 Ohren

 Busch

 Schal

 Herzen

Julia Boehme | Julia Ginsbach

# Tafiti

## Der Löwe mit dem Wackelzahn

CARLSEN

Die  brennt heiß in . Dem  Tafiti und dem  Pinsel macht das nichts aus.

Omamas  schon. »Oje, die  lassen ja alle  hängen«, seufzt Omama.

»Die brauchen dringend .«

»Wir kümmern uns darum!« Tafiti und Pinsel nehmen die große  und laufen zum .

Gerade tunkt Pinsel die  ins , da raschelt es hinter ihnen im .